Este libro es justo lo que ayudará a su hijo o hija a bajarse de la montaña rusa emocional.

Respire profundamente y disfrute del nuevo paseo.

Material protegido por derechos de autor

Mad to Glad [Del enojo a la alegría]

Lecciones en mindfulness para ayudar a los niños a
hacer frente a emociones cambiantes.

Copyright © 2016 por Mindful Aromatherapy, LLC. Todos los derechos reservados.

Ninguna parte de esta publicación podrá ser reproducida, almacenada
en un sistema de archivo y recuperación, o transmitida en forma alguna
o por medio alguno—electrónico, mecánico, fotocopiado, grabación
o cualquier otro método—sin la previa autorización por escrito de la
editorial, a excepción de la inclusión de citas breves en una reseña.

Para obtener información sobre esta obra o para ordenar otros libros
y/o medios electrónicos, comuníquese con la editorial:

Mindful Aromatherapy, LLC
www.MindfulAromatherapy.com
MindfulAromatherapy@gmail.com

Número de control de la Biblioteca del Congreso: 2015914086
ISBN (Print): 978-0-9966585-9-1
Impreso en los Estados Unidos de América

Diseño de portada e interior: 1106 Design, LLC
Ilustrado por Stacy Heller Budnick
Traducido por Maritza F. Cardoso-Vicente, B.A., CT

Datos de la Publicación en CIP
("cataloging-in-publication") de la Editorial en archivos.

Cómo hacer que su hijo se entusiasme por calmarse...

El *Mindfulness*, o la atención plena, consiste en enfocarse en el momento presente de manera no crítica. Esta conciencia plena pone freno a las reflexiones del cerebro sobre lo que "debería haber hecho" ayer y las preocupaciones sobre "qué irá a pasar" mañana.

En mi experiencia enseñándoles *Mindfulness* a los niños, me di cuenta de que las emociones, tanto positivas como negativas, requieren atención. Escribí este cuento corto para ayudar a los niños a adquirir conciencia de las reacciones comunes a situaciones cotidianas. Este libro ayuda a los niños a reconocer sus emociones al tiempo que las experimentan. Con orientación y práctica, esta conciencia interna le permite al niño crear un espacio entre una experiencia difícil y su reacción emocional y física.

Mi misión es ayudar a los niños a reconocer que la ira, la frustración, la tristeza y la soledad son emociones comunes, y es natural sentirlas de vez en cuando. Este libro contiene ejercicios sencillos, inspirados por mi propia práctica de *Mindfulness*, para ayudar a los niños a incrementar su capacidad de adaptación. Su hijo aprenderá a transformar su energía, del temor y el enojo, a ideas y acciones positivas que contribuirán a su crecimiento social y emocional.

Al leer el cuento *Mad to Glad [Del enojo a la alegría] en voz alta*, anime a los niños a representar las instrucciones asociadas con cada emoción. Lean los cuentos frecuentemente, y practiquen diariamente.

Escrito para niños de entre 3 y 7 años.

Estoy contento. Me porto bien.
Bueno, la mayor parte del tiempo
me siento contento..

Mi mamá dice que

yo soy bueno

siempre.

Dice que aun cuando tomo
malas decisiones

siempre soy bueno.

Pero ¿qué pasa cuando otras personas
toman decisiones que me afectan a mí?

¿Sabes una cosa?

Cuando otras personas toman decisiones que me afectan, me siento . . .

¡enojado!

¡Estoy tan **enojado!**
Mi hermanito me quitó mi pelota.

Mamá dice que tengo que **compartir** mis cosas con él, porque es así como él aprende a compartir.

Me parece que, porque soy el mayor, soy el único que tiene que compartir.

¡Creo que no es justo!

Mamá dice que puedo **saltar una y otra vez** hasta que se me pase el **enojo.**

¿Puedes tratar de saltar diez veces?

¿Cómo te sientes después de saltar diez veces?

Yo me siento mejor. ¡Puedo saltar bien, bien alto!

Cuando otras personas toman decisiones que me afectan, me siento . . .

¡Estoy frustrada!

Hoy vi a Lila en las barras trepadoras ¡y logró llegar sin ayuda hasta el otro lado!

Yo he tratado de cruzar las barras trepadoras muchas veces, y no puedo avanzar por más de dos o tres barras.

¿Alguna vez podré llegar hasta el otro lado en las barras trepadoras?

Esta noche, les pediré a las estrellas que veo por la ventana que me envíen un sueño especial. En el sueño, podré llegar al otro lado de las barras trepadoras

¡Siento las barras en las manos mientras salto de barra en barra, hasta que llego segura al otro extremo!

¿Puedes

cerrar los ojos

y

sentir

las barras en las manos, e

imaginar

cómo tu cuerpo se balancea saltando de barra en barra?

¿Puedes sentir lo

contenta

que estás por haber llegado al otro lado de las barras trepadoras?

Cuando otras personas toman
decisiones que me afectan,
me siento . . .

Estoy tan triste.

Hoy pedí un juguete nuevo,
y mis padres dijeron,

Mi hermana mayor dice que cuando

me sienta triste

debo pensar en mi momento más feliz.

Cuando

más feliz

me siento es cuando me mezo muy alto en el columpio del parque.

La semana pasada me mecí tan alto que casi toqué el cielo con los pies, y tan rápido que el cabello se me agitaba con el viento que me azotaba la cara.

¡Fue

estupendo!

¿Cuándo te sientes más feliz?

Cuando otras personas toman decisiones que me afectan, siento . . .
miedo.

¡Tengo

miedo!

Mamá y papá dicen que es hora de dormir.

Yo duermo solita en mi cama de niña grande, en mi propia habitación.

Me gusta mi habitación por el día, pero de noche

oigo ruidos.

Aquí está muy oscuro. Siento

miedo.

Nana dice que cuando tenga

miedo

puedo pensar en todas las personas que

me quieren.

Ella me enseñó a repetir la lista
"Me quieren mucho".

Mi lista dice así . . .
"Mami me quiere.
Papi me quiere.
Nana me quiere.
Mi perro me quiere.
Los árboles me quieren",
y así sucesivamente.

¡Es una lista muy larga de todas las personas y los animales que me quieren!

Seguramente tu lista es tan larga como la mía.

¿Quién te quiere?

Nana dice que el amor es lo más fuerte
y lo más valiente en el mundo entero.
Dice que tengo mucho amor aquí en mi corazón.

Cuando me acuerde de que me siento querida,
ya no tendré miedo de nada.

Estoy protegida.
Me quieren.

Cuando otras personas toman decisiones
que me afectan, me siento . . .

solo.

Me siento excluido.

Tengo a mi mejor amigo en la escuela.
Juntos nos divertimos mucho.
Hoy fuimos al parque.
En el parque, vimos a un niño
que vive al lado de mi mejor amigo.
Todos jugamos juntos, excepto cuando
ellos me dejaban fuera de los juegos
secretos de su vecindario.
Yo tuve que jugar solo.

Papi le llamó a este sentimiento

"soledad".

Papi dice que cuando me sienta

solo

puedo

aspirar

profundamente por la nariz, y sacar todo el aire soplándolo por la boca.

Haz la prueba. Primero con los ojos abiertos, y luego con los ojos cerrados.

Aspira profundamente por la nariz. Contén la respiración, y luego sopla por la boca, tan fuerte como el viento.

Imagínate que estás sacando todos los sentimientos de soledad por la boca.

Tuve que **respirar profundo cinco veces** para que se me pasara la sensación de soledad.

Mi mejor amigo y yo jugamos a los superhéroes en la escuela. Quizás a su vecino también le guste jugar a los superhéroes. Le preguntaré la próxima vez que lo vea en el parque.

Diario "Estoy atento(a) a cómo me siento"

Nombre Fecha

El final feliz.

Sobre la autora

Angie Harris es madre de dos niños brillantes, y tiene ocho hermosos sobrinos y sobrinas. Cuando era adolescente, Angie sufrió la pérdida repentina de su querida madre, Rosemarie. Fue entonces que se inició en las prácticas contemplativas del yoga y la meditación, como medio de hacerle frente al trauma y comenzar a sanar. Rápidamente se dio cuenta de que, cuanto más practicaba, más consuelo sentía, aún mientras lloraba su trágica pérdida. Una década más tarde, a la hermana de Angie, Stephy, se le diagnosticó cáncer terminal. Stephy luchó valientemente, pero perdió la batalla en 2014. Fue en esta época que la práctica de la meditación de Angie se exteriorizó hacia la enseñanza. Así como antes ella había aprendido la meditación, quería compartir esta práctica con sus pequeños sobrinos y sobrinas, que sufrían por la pérdida de su madre. Para aprender a impartirles las lecciones eficazmente a los niños, Angie asistió a la capacitación de currículo para grados K a 12 de *Mindful Schools* en 2012. Para ella es un honor compartir la meditación con estudiantes, corporaciones y personas que deseen mejorar sus habilidades naturales de adaptación.

A Angie le encanta pasar tiempo al aire libre con su esposo Toby y sus dos hijos, Kellen y Kieren. Angie actualmente asiste al programa de enseñanza de Reducción del Estrés con base en el *Mindfulness* a través de la Facultad de Medicina de UMASS en Shrewsbury, Massachusetts. Para obtener más información o comunicarse con Angie directamente, visite *www.MindfulAromatherapy.com*

www.ingramcontent.com/pod-product-compliance
Lightning Source LLC
Chambersburg PA
CBHW042229010526
44113CB00046B/2939